Contes & Légendes

* * *

de Polynésie

———

PAPEETE - PARIS

———

(photo par Lucien Gauthier 1903)

TABLE

À PROPOS DES CONTES & LÉGENDES

En lisant pour la première fois les contes et légendes polynésiens on peut être tenté de n'y voir que de simples petites histoires poétiques. Ils sont bien plus que cela :

Ils reflètent et traduisent le monde tel que le percevaient les premiers habitants. Chaque conte et légende se veut une réponse aux questions des hommes, ces textes expliquent la création des îles, des sites remarquables, de la faune et de la flore.

Ils rappellent les règles et participent donc à structurer et définir la société polynésienne.

Ils illustrent enfin tout le polythéisme insulaire en mettant en scène les principales divinités - Taaora, le dieu créateur - Hina, déesse de la Lune - Hiro, le dieu des voleurs...

Chaque île possède ses légendes ou sa propre version pour les plus anciennes.

Cet ouvrage se propose de vous présenter les principaux contes et légendes.

LÉGENDES POLYNÉSIENNES

LA CRÉATION DU MONDE

REDURA VA TAMAVA

Au commencement était Taaroa, l'Unique.

Il était son propre créateur et demeurait solitaire dans sa coquille qui avait pour nom Rumia (Bouleversée). Cette coquille était semblable à un oeuf tournant dans l'espace infini, sans ciel, sans terre, sans lune, sans soleil, sans étoiles.

Taaroa s'ennuyait dans sa coquille. Il l'ouvrit d'une secousse et se glissa au dehors, mais tout était sombre et silencieux, il était seul.

Il brisa son ancienne coquille pour fabriquer le roc et le sable; avec une nouvelle coquille il établit la Grande fondation du monde, Tumu-Nui ; avec sa colonne vertébrale il créa les chaînes de montagnes ; avec ses larmes il fit les océans, les lacs et les rivières ; avec les ongles de ses mains et de ses pieds, il recouvrit d'écailles les poissons et les tortues ; avec ses plumes il fit les arbres et les buissons ; avec son sang il colora l'arc-en-ciel et le couchant.

Puis Taaroa fit venir ses artisans avec leurs paniers pleins de herminettes pour qu'ils sculptent Tane, le premier dieu. Alors naquirent les demi dieux Ru, Hina, Maui et des centaines d'autres. Tane décora le ciel avec des étoiles et y plaça le soleil pour rayonner sur la terre et la lune pour éclairer les nuits. Et Taaroa décida de terminer son oeuvre en créant l'homme. Il avait divisé le monde en sept plates-formes. Sur la plate-forme inférieure devait demeurer l'homme. Les humains se multiplièrent rapidement et Taaroa voyant cela, applaudit.

Lorsque la première plate-forme fut encombrée de créatures et de plantes de toutes sortes, ses habitants décidèrent d'agrandir leur domaine. Ils pratiquèrent un trou dans la plateforme supérieure, montant les uns sur les autres, ils occupèrent toutes les autres plates-formes.

Et tout appartenait à Taaroa, le maître de toute chose...

LA LÉGENDE DES VAGUES

VUNDA VA RUNTEEM

Tout le jour, le vent avait soufflé sur la mer. Et la mer s'était faite grise sous le ciel gris. Toute la journée, les vagues s'étaient lancées à l'assaut de la plage et de la falaise, arrachant sables et pierres.

Mais sous le sable, il y avait encore du sable. Et derrière la pierre, il y avait encore de la pierre. Et la mer vaincue, lasse, s'était retirée avec le jour. Maintenant, calme, elle brillait sous les étoiles. Seules, le long du récif, quelques vagues folles faisaient résonner le corail, dans le vain espoir d'atteindre la lune.

Taaora, le grand, avait créé la mer lisse, comme un immense bloc de glace, sans rides, sans mouvements. Et elle s'ennuyait, la mer. Ce n'est pas gai d'être une chose inanimée, figée. Elle résolut de voyager, de dépasser ses frontières. Et elle se mit à monter doucement, doucement, pour recouvrir le monde entier.

Elle savait que cela lui était défendu. Elle avait droit à la moitié du monde, l'autre moitié appartenait aux pierres, aux arbres, aux hommes. Aussi choisissait-elle les nuits les plus sombres, les plus noires. Et elle engloutissait sans bruit les vallées et les montagnes, avec les maisons des hommes.

Mais il ne fallait pas donner l'éveil aux dieux. Elle s'écartait donc soigneusement des lieux du culte et de sacrifices, ces lieux tabou. Elle passait de chaque côté et faisait une île. Les hommes avaient beau s'inquiéter, les dieux les ignoraient.

Et la mer, peu à peu, agrandissait son domaine. Arai, debout sur la colline qui surplombait son village, voyait la mer s'approcher, nuit après nuit. Les dieux semblaient dormir, et il savait que bientôt il n'y aurait plus de vie humaine. Aussi avait-il décidé d'arrêter la mer.

Il avait observé que la mer semblait éviter soigneusement les lieux tabou. Une nuit, il alla dans le plus proche lieu de culte. Il savait qu'en violant le tabou, il risquait sa vie, mais il voulait arrêter la mer. Il prit une pierre de l'autel, et il lui sembla que la pierre lui brûlait les doigts. Il alla la cacher dans une grotte connue de lui seul et attendit. Il attendit la prochaine nuit.

Quand le soir arriva, il alla chercher cette pierre et s'avança vers la mer. Puis, dissimulé derrière un tronc d'arbre, il enfouit la pierre dans le sable. La mer bientôt se mit à monter, à avancer sans bruit, pour surprendre les hommes dans leur sommeil. Elle monta, monta, et ne vit pas le piège. D'un coup, elle recouvrit la pierre sacrée. Déjà il était trop tard. Le dieu, averti, fit éclater sa menace dans un coup de tonnerre qui arrêta la mer.

C'est depuis ce temps-là que la mer et l'homme sont toujours en train de se battre. La mer voudrait bien l'engloutir, mais chaque fois qu'elle bouge, elle fait naître une multitude de vagues bruyantes, qui sont un signal d'alarme, et l'homme a le temps de construire des digues, et la mer, depuis ce temps-là, a toujours pu être repoussée à temps…

LES PREMIERS DAUPHINS

TANEAF YABUROL SE

Il était une fois un polynésien.

Depuis la mort de sa femme, ses six enfants étaient ce qui lui paraissait le plus important dans sa vie, et il passait son temps avec eux.

Un jour, il décide d'aller avec eux pêcher dans le lagon. Ensemble, ils ramassent des "pahua, maôa, vana" (burgaus et oursins), et ils pêchent quelques poissons, des "paihere, roï, iihi" et "ume" (carangue, loche, rouget et nason).

Content de la journée, le papa propose un concours de plongée aux enfants : le gagnant aura la plus grosse portion de "poe" au repas du soir. Les six enfants plongent ensemble hors du bateau. Le papa commence à compter les secondes :

- Hoê, piti, toru, maha... (un, deux, trois, quatre...).

Il est très fier de ses enfants :

- Mes enfants sont les meilleurs, ils sont tous de bons plongeurs !

Mais il attend si longtemps qu'il commence à s'inquiéter. Il a maintenant très peur pour ses enfants :

- Ah! Mes enfants, où êtes vous? Vous restez trop longtemps dans l'eau !

Et désespéré, il se jette dans le fond de son bateau ; il pleure parce qu'il est impossible aux humains de rester si longtemps sous l'eau, ils sont sûrement noyés. Il se sent mourir de douleur, quand, soudain six animaux qu'il n'a encore jamais vus jaillissent hors de l'eau ! Ils font des vrilles, et ils retombent dans l'eau avec de gros ploufs. Ils nagent autrement que les poissons, et ils viennent respirer de l'air à la surface de la mer.

Ils ont de grands sourires sur leur bec, et ils jouent gaiement devant lui ... Brusquement, il comprend que ces animaux sont ses propres enfants, qui se sont transformés.

Les humains ne peuvent pas rester sous l'eau de nombreuses minutes, mais ses enfants sont devenus ces animaux marins, et ils le peuvent.

Et parce qu'ils étaient humains auparavant, ils aiment les hommes. C'est pourquoi, aujourd'hui encore, ils les aiment et veulent jouer avec eux, rester auprès d'eux, leur donner un peu de joie.

Ils sont les dauphins, "te mau ôuà".

LA LÉGENDE DU COCOTIER
VUNDA VA WAGEYAAL

Dans le district de Tererauta vivait, il y a bien longtemps, une jeune fille dont la beauté faisait l'orgueil de ses parents. Ses yeux noirs, les lignes harmonieuses de son corps brun, la souplesse de sa taille, et surtout la soie de ses longs cheveux la rendaient la plus jolie fille de nos îles. Quand elle atteignit l'âge de seize ans, son père, qui était le chef du district, résolut de la marier...

Il se mit à chercher un époux digne de sa fille. Quand le jour de ses noces arriva, Hina, c'est ainsi qu'elle s'appelait, Hina ne savait encore rien de son promis, sinon qu'il était du district lointain de Teretai.

Mais quand son père vint la chercher pour lui présenter son époux, elle faillit s'évanouir de terreur, en voyant une immense anguille, au corps gigantesque et à la tête énorme : c'était le prince des anguilles.

Hina, épouvantée, s'enfuit dans la montagne et atteignit le district d'Aketura. Trouvant un fare, vide, caché sous de grands aito, elle s'y réfugia.

Or, c'était la maison du dieu Hiro ; et celui-ci, en revenant de la pêche, fut ébloui par la lumière éclatante qui auréolait sa case. C'étaient les cheveux d'Hina, qu'un rayon de soleil avait frôlés et qui brillaient ainsi. La jeune fille raconta au dieu sa terrible aventure, et celui-ci accepta de la cacher pendant quelque temps.

Mais l'anguille, attirée elle aussi par l'éclat des cheveux de la jeune fille, arriva bientôt au voisinage de la case du dieu. D'un coup de sa queue puissante, elle ouvrit dans le récif une large brèche, qu'on appelle aujourd'hui la passe de Tapuerama.

Le dieu Hiro, alerté, prit un long cheveu d'Hina, y attacha un hameçon de nacre et pêcha la monstrueuse bête. Quand il l'eut tirée sur le rivage, il la coupa en trois morceaux.

La tête vint tomber aux pieds de la jeune fille et lui dit :

- Tous les hommes qui me détestent, et toi la première, Hina, un jour, pour me remercier, vous m'embrasserez sur la bouche. Je meurs, mais ma prédiction, elle, est éternelle.

Hiro, sans perdre de temps, enveloppa la tête avec des feuilles de bananier et tendit le paquet à Hina   :
- Hina, fille de beauté, tu peux retourner chez les tiens, et là-bas, tu détruiras cette tête. Mais tout au long de ta route ne la pose surtout pas à terre, car alors la malédiction de l'anguille se réaliserait.

Et Hina, accompagnée de suivantes offertes par le dieu Hiro, s'en retourna à Tererauta. Mais la route était longue et le soleil brûlait le chemin. Elles arrivèrent au bord d'une rivière. L'eau était fraîche et claire, et les jeunes filles décidèrent de s'y baigner.

Hina, oubliant le conseil du dieu, posa son paquet à terre afin de rejoindre ses compagnes. Aussitôt, avec un bruit sourd, la terre s'ouvrit et engloutit la tête de l'anguille morte... Et surgissant de la faille qui se refermait déjà, un arbre apparut et se mit à grandir, grandir démesurément.

C'était un arbre étrange, tout en tronc, avec une touffe de feuilles au sommet. On aurait dit une immense anguille dressée, la tête vers le soleil. Le premier cocotier venait de naître...

Hina, qui avait désobéi, fut condamnée par les dieux à vivre auprès de la rivière et l'arbre fut tabou. Défense absolue à quiconque de s'en approcher et d'en manger les fruits.

Quelque temps après, Hina épousa un jeune pêcheur qui vivait à l'embouchure de la rivière. Le couple eut une fille, jolie comme un rayon de soleil sur la rosée du matin. Mais leur bonheur dura peu : quelques mois plus tard, le jeune homme vint à mourir. Hina se remaria avec le frère de son premier époux. Une autre fille leur naquit, belle comme le soleil qui se couche sur la mer.

Les deux fillettes grandirent ensemble et s'aimèrent comme deux enfants de même père et de même mère. Les années passèrent, mais le nouveau bonheur de la pauvre Hina allait encore lui être enlevé. Un jour, malgré la formelle interdiction, les deux fillettes voulurent goûter aux fruits étranges de l'arbre long et grêle qui poussait près de leur case.

Hélas ! les dieux veillaient et les deux coupables furent transformées en nuages et transportées au-dessus de la mer. Les anciens disent que ce sont les deux nuages roses que l'on voit toujours, par beau temps, au-dessus de l'atoll de Hanaa.

Les jours passèrent encore, et une grande sécheresse vint bientôt détruire toute nourriture et toute eau douce. Seul le cocotier résista au soleil et, malgré la défense des dieux, les hommes recueillirent ses fruits, qui contenaient une eau douce et claire, légèrement sucrée. Ils virent que chaque fruit, de la taille d'un gros melon, était marqué de trois taches sombres disposées comme des yeux et une bouche... et pour boire cette eau, il leur fallut coller leurs lèvres contre ce dessin de bois.

Et Hina fit comme les autres, sans se rendre compte que la prophétie venait de s'accomplir.

LÉGENDE DU LÉZARD JAUNE

Autrefois, vivait un couple heureux sur l'île de Maiao, anciennement appelée TupuaiManu.

Un jour la femme tomba enceinte et mit au monde un œuf. Son mari le prit et le déposa dans une grotte.

A son éclosion, un lézard jaune était apparu.

Le couple l'appela alors Moorea et l'éleva jusqu'à ce qu'il soit grand.

Devenu immense, ses parents pris de peur décidèrent de l'abandonner sur une pirogue face au levant de Tahiti.

Moorea attendait ses parents et ne cessait de penser à eux et de toute l'affection qu'ils lui avaient donnée. Cependant, ne les voyant plus revenir, il se dit alors qu'ils l'avaient abandonné.

Il plongea alors en mer et nagea vers le levant. Ne voyant plus la terre, Moorea mena un combat contre trois courants : Teara-Veri dont la course était semblable à celle d'une scolopendre, Tefara courant aussi épineux qu'un Pandanus, et Tepua dont l'écume était pareille à la mousse de savon. C'est dans ce troisième courant que Moorea trouva la mort.

Son corps dériva et alla s'échouer sur les rivages d'Aimeho (ancien nom de l'île de Moorea).

A l'aube, deux pêcheurs trouvèrent le corps sans vie du lézard jaune.

Ils coururent alors avertir les gens de l'île de leur trouvaille en criant : « Un lézard jaune ! Un lézard jaune ! »....

Et c'est comme cela qu'Aimeho prit le nom de Moorea.

Légende de l'empreinte de la patte de chien

Huahine, l'île féminine, l'île des femmes, est dotée de plusieurs légendes, dont celle-ci :

Il était une fois à Raiatea, une belle jeune femme appelée Hina. Dame nature lui avait tout donné : la grâce, la beauté, l'intelligence et la gentillesse.

Un jour, Hina rencontra un jeune pêcheur dont elle tomba amoureuse, et avec qui elle se fiança sans attendre et annonça la date prochaine de son mariage.

Son fiancé lui offrit un magnifique cadeau : un merveilleux collier de perles d'une perfection et d'une taille encore jamais connue de toute la Polynésie. Noires, elles étincelaient de mille éclats au cou de la reine qui jura ne jamais plus se séparer de ce collier que tout l'or du monde n'aurait pu lui arracher.

Hina très touchée de ce geste et de la merveille qu'elle venait de recevoir décida tout de même de ne porter ce collier qu'à partir du jour où leur union serait proclamée. En attendant, elle le fit garder par des hommes jour et nuit.

Un jour, lors d'une audience donnée à ses sujets, Hina refusa la requête de Hiro, le roi des voleurs car elle lui paraissait injustifiée. Hiro, qui fut un des prétendants de Hina se sentit humilié et il fut rempli de haine et de colère envers elle. Afin de se venger, il s'empara du joyau bien gardé de Hina et s'en alla rejoindre Huahine.

A l'annonce de la nouvelle, la reine éprouva une grande tristesse et devina rapidement qui était derrière cette abominable action : le terrible Hiro.

Elle décida alors de lancer aux trousses du malfaiteur le plus impressionnant de ses chiens, une bête à la force et au flair extraordinaires.

L'animal se dirigea vers le bord de l'eau, pointant déjà le museau en direction de Huahine, où Hiro se croyait à l'abri. Il y avait caché le collier sous une pierre impressionnante, se disant que personne ne serait assez malin pour trouver sa cachette, avant de rejoindre son père.

C'était sans compter sur le molosse de la reine qui mit rapidement la patte sur le magnifique collier.

Très rapidement, le chien s'arrêta à l'endroit même où Hiro avait dissimulé le précieux bijou, et, comme pour marquer l'endroit précis où se cachait le trésor, posa sa lourde patte sur la pierre.

Cette empreinte permit à Hina de reprendre possession de son collier et d'épouser, comme il se doit, son fiancé bien aimé...

Légende de Fa'imano et de la naissance de Hiro

Aux temps où Taha'a s'appelait encore Uporu, vivait une très belle jeune femme, Fa'imano.

Elle habitait à Faaaha en compagnie de son époux et de leurs enfants.

Un jour, une grande pirogue polynésienne accosta au nord de l'île... C'était celle de Moeterauri, intrépide navigateur et guerrier de haut rang, qui venait de quitter son île de Bora Bora pour s'élancer vers le sud.

Cependant, il manquait à la voile de sa pirogue une pièce essentielle et d'un bois rare, qu'il pensait trouver sur Uporu. Il se mit alors à la recherche de ce bois et partit en expédition vers le sud de l'île.

En franchissant le col jusqu'à la haute vallée, en suivant la rivière Tevainui, il vit la ravissante Fa'imano qui y prenait un bain.

Il s'y arrêta, l'admira et l'aborda. Fa'imano et Moeterauri s'éprirent alors l'un pour l'autre et vécurent une idylle durant deux nuits.

Avant de partir, le navigateur dit à Fa'imano :

« De notre union naîtra un fils, il aura les yeux rouges et portera comme marque de naissance un *veri* le long de la colonne vertébrale. Tu l'appelleras Hiro-ma-ho'ata, du nom de ces deux nuits que nous avons partagées. ».

Comme prévu, Fa'imano donna naissance à Hiro, célèbre navigateur de Taha'a.

Te fanauraa, l'endroit où Fa'imano accoucha fait face à la montagne Mou'a Roa.

De nos jours, il est encore possible d'y voir, au pied d'un « tumu mape » (châtaigner tahitien), la pierre dressée contre laquelle elle s'adossa, les pierres contre lesquelles elle cala ses pieds, et la pierre creuse qui reçut les eaux.

Légende de Ninahere

Aux temps des Dieux polynésiens, vivait la vahine Paahonu, déesse de Raiatea. Son fiancé étant parti en guerre aux îles Cook, elle se retrouva seule.

Mécontente et lasse de l'attendre, la vahine Paahonu décida de s'enfuir et de se rendre sur l'île de Maupiti pour y bouder.

Elle partit alors chevauchant un requin. Une fois arrivée, elle fit la connaissance du guerrier de l'île, Ninahere.

Cependant, le fiancé de la vahine Paahonu fut mis au courant de la nouvelle et lui jeta un sort selon lequel si un autre homme que lui la touchait, elle serait transformée en poisson.

Il ordonna également deux gardiens pour surveiller sa bien-aimée. La déesse attristée par cette nouvelle, quitta son guerrier de Maupiti et ne put l'approcher de nouveau.

Ninahere, qui ignorait tout, fut désespéré de voir que sa bien aimée, la princesse, le fuyait désormais.

En pleurs, il s'effondra sur la plage de Tereia de Maupiti où ils se retrouvaient régulièrement, y laissant l'empreinte de son sexe et de ses genoux.

LÉGENDE DU VIEUX HAAURI

Il était une fois dans le district d'Anau à Bora Bora, vivait une famille dont le père, prénommé Haauri, était l'un des descendants d'une famille royale à qui appartenait le Marae (ancien temple polynésien) de Nohono Houra.

Durant ses derniers jours, Haauri avait changé de comportement et disparaissait pendant des semaines sans donner de signe vie. Sa femme, inquiète, demanda à ses deux enfants de le surveiller et de le suivre à la pêche.

Tous les trois partirent donc un matin en pirogue jusqu'au récif. Une fois arrivés, le père conseilla à ses garçons de rester pêcher aux alentours, et ce afin d'échapper à leur surveillance. Il plongea alors, et disparut.

A la fin de leur partie de pêche, les garçons remontèrent à la pirogue mais ne trouvèrent pas leur père et décidèrent de l'attendre pendant des heures. Ne le voyant toujours pas arriver et ne le trouvant nulle part, ils rentrèrent prévenir leur mère ainsi que les habitants du district. Ensemble, ils repartirent à la recherche du vieil homme.

Après plusieurs heures de recherches, un des fils trouva une faille sous le récif, dans laquelle ils essayèrent de pénétrer mais sans résultat car il leur manquait de lumière. Plusieurs semaines se succédèrent, et enfin Haauri rentra chez lui.

Surpris par sa réapparition, son épouse lui demanda : « Mon ami, nous t'avons cherché partout, où es-tu allé pendant ces longues semaines ? Nous étions si inquiets de ta disparition ! ». Haauri ne répondit point et resta silencieux tant il était fatigué et que son esprit était ailleurs. Il tenait dans ses deux mains de petites ignames.

Quant à son épouse, décidée à le surveiller, cacha les aliments, et quand il eut faim il chercha ses ignames mais ne put les trouver. Furieux, il voulut rejoindre sa femme, mais ne put sortir de la maison à cause de l'éclat du soleil. Grandement affaibli, il demanda aux oiseaux sacrées « otu'u » de lui venir en aide. Des centaines d'oiseaux vinrent et attendirent la tombée de la nuit pour lui porter secours.

Quand la nuit arriva, les oiseaux firent entendre leurs cris nocturnes. Haauri était tellement faible qu'il s'étendit. Son épouse s'approcha de lui et le ligota avec une corde de purau (Hibiscus talacius) et lui enveloppa le visage d'un tapa blanc.

A l'aube un étrange spectacle les attendait. L'homme avait disparu. Le tapa qui avait servi à le recouvrir était sur les branches où s'étaient perchés les oiseaux sacrés. Elle trouva dans leur maison quelques plumes d'oiseaux. On le chercha dans le village, tout autour de l'île, mais nulle trace ne fut trouvée. Ses fils retournèrent alors à l'endroit de la faille du récif et ils y trouvèrent la lance de leur père plantée près du trou.

De nos jours, il est encore possible de voir cette fissure au dessus de laquelle les oiseaux sacrés se perchent encore. Sur la terre dénommée Puaeva, on trouve quelques pierres dressées qui ont miraculeusement survécu : il s'agit du Marae du vieux Haauri.

Légende de Manuhere

Il y a fort longtemps, dans un village de Tetiaroa vivait un jeune garçon du nom de Vaitahi.

Ce jeune villageois de dix ans aimait se promener le long des plages de l'île. Un jour, pendant l'une des ses belles ballades, il eut la surprise de tomber nez à nez avec un magnifique oiseau qu'il n'avait encore jamais vu, aux plumes fines et multicolores, plus scintillantes que les étoiles.

Vaitahi était ébloui par tant de beauté. L'oiseau se mit alors à danser devant le jeune garçon, ce qui le charma. Le bel animal se posa ensuite sur l'une des épaules de Vaitahi, et depuis ce moment là ils devinrent inséparables. Ensemble, ils jouaient et s'amusaient dans le lagon.

Au village, tout le monde fit la connaissance de l'oiseau et l'appréciait, d'où le nom de Manuhere qu'on lui attribua. Soudain, un jour, le bel animal fut frappé d'un grand mal qui l'empêcha de manger et de voler et qui le fit tomber dans un profond sommeil.

Paniqués et attristés, les villageois tentèrent de sauver Manuhere avec un remède à base de feuilles, mais sans résultat. Les cocotiers et les oiseaux essayèrent de lui faire du vent, et les fleurs de lui faire respirer leurs parfums, mais son état était toujours le même.

Vaitahi demanda l'aide de la déesse de la mer Vaihiti qui recommanda de lui faire un massage avec une huile spéciale, mais Manuhere ne bougeait toujours pas. Un ornithologue présent sur l'île fut appelé à l'aide et tenta des massages cardiaques, mais rien n'y fit.

Désespérés et découragés, les villageois s'assirent tous autour de l'oiseau sans vie. Vaitahi était en pleurs. Ils se mirent alors tous à chanter des mélodies d'amour et d'amitié qui montaient jusqu'aux cieux, et ce pendant toute la nuit.

Et au moment où le soleil apparut à l'horizon, Manuhere commença à bouger, à ouvrir les yeux, à remuer ses ailes et à se redresser tout doucement. « Sauvé! Manuhere est sauvé! » cria- t-on. Quel miracle ! Tout le monde était heureux et étreignit l'oiseau, Vaitahi était soulagé...

Plus tard, quand on demanda à l'oiseau ce qui l'avait ramené à la vie, il expliqua que c'était l'amour, l'amour qu'il avait ressenti tout autour de lui qui avait pénétré son cœur et qui l'avait réveillé.

Légende du Poumaka

Dans les temps anciens, il y avait de grandes colonnes à Ua Pou. Un jour, arriva une colonne venue de Hiva Oa et qui répondait au nom de Matafenua. Ce dernier avait combattu contre les colonnes d'Ua Pou et les avait toutes battues. Mortes, elles étaient toutes tombées, leurs corps morts étant les montagnes qui séparent encore les vallées entre elles.

Un jour naquit une nouvelle colonne à Ua Pou du nom de Poumaka. En marchant tout autour de l'île, il se rendit compte des colonnes mortes qui gisaient. Poumaka questionna alors :

« Qui a tué ces colonnes ? »

On lui répondit :

« C'est Matafenua ».

Quand Poumaka fut grand et devenu un guerrier, il rejoignit Hiva Oa pour se venger. Informé de son arrivée, Matafenua effrayé se réfugia à l'est de Hiva Oa.

Poumaka se mit en guerre et pourchassa d'abord la colonne Kiukiu qu'il tua. Son corps tomba et se coucha à l'ouest de Hiva Oa.

Puis Poumaka se mit à la poursuite de Matafenua et le retrouva à l'est de Hiva Oa.

Il le terrassa et coupa sa tête qu'il attacha à son pagne pour la rapporter à Ua Pou.

Ainsi, vous pourrez voir près du pic Poumaka une colline qui n'est autre que la tête de Matafenua. Quant à son corps, il gît toujours à l'est de Hiva Oa.

LA LEGENDE DE HAI PUKA
(L'HOMME POISSON)

Dans l'immense baie de la vallée de Puamau, sur l'île de Hiva Oa, Hai Puka vivait dans la mer. Il ne sortait jamais de l'océan. De toute façon, personne ne s'en préoccupait. Il était quelqu'un de gentil. Il ressemblait à la fois à un homme et à un poisson.

La seule dans le village de Puamau qui connaissait l'histoire était la plus vieille prêtresse de l'île, Taua Vehine Teumomo, mais elle n'en avait jamais parlé car elle avait toujours su qu'un jour elle aurait besoin de l'aide de Hai Puka.

Or, ce jour était venu. Taua Vehine Teumomo avait une fille très belle que tout le monde appelait Kua. Elle était tombée amoureuse du chef de cette vallée et avait eu un enfant de lui. On l'appela Teiki Ehee Tai. Ils devaient se marier. Malheureusement, une guerre éclata et le grand chef Teiki fut tué lors des combats. Kua était restée inconsolable.

La vieille Taua Vehine Teumomo ne disait rien, mais le nom de son petit-fils la rendait cette fois sûre qu'un jour elle aurait besoin de Hai Puka. Et ce jour était donc arrivé car, le matin même, Kahu, le chef des guerriers de la vallée voisine, était venu demander en mariage la belle Kua. Et la jeune femme si fière avait refusé. Elle avait déclaré que, tant que son fils serait là, elle ne penserait qu'au père de son enfant.

Durant la nuit, Kahu s'empara de son garçon. Il le jeta dans l'océan.

Le lendemain matin, alors que Kua cherchait en pleurant son fils dans toutes les maisons de la vallée, la vieille avait déjà tout compris et courut vers la plage puis commença à crier : – Hai Puka, Hai Puka ! Elle appela longtemps. La mer se mit à monter et une vague déposa sur la plage l'homme-poisson. Taua Vehine Teumomo lui dit simplement : – Va à la pointe Kiukiu, un enfant est en route vers le havaiki, il faut que tu le ramènes ici. Après, je te dirai tes origines et je te donnerai une mère, une femme et un fils. Fais vite.

Alors, il nagea aussi vite qu'il put vers la pointe ouest de l'île et trouva l'enfant qui dérivait, porté par les courants en direction du havaiki. Il le ramena jusqu'à Puamau.

Sur la plage, Taua Vehine Teumomo n'avait pas bougé. Kua l'avait rejointe, elle se tenait à ses côtés, en sanglots. Hai Puka sortit de l'eau en tenant l'enfant à bout de bras. Kua se précipita pour récupérer son fils puis, en découvrant la laideur de l'homme poisson, elle s'enfuit en courant. Taua Vehine Teumomo parla à Hai Puka et lui demanda de marcher avec elle jusqu'à sa maison.

Le long du chemin, elle lui raconta comment, il y a longtemps, ses parents et toute leur tribu avaient été obligés de s'enfuir de leur vallée et de quitter leur île.

Elle l'emmena non loin de chez elle, juste à côté de la rivière, et lui ordonna de creuser un trou profond et d'y allumer un grand feu. Puis il fallut couvrir ce feu de pierres et attendre qu'elles blanchissent sous la chaleur. L'eau s'est mise à fumer, Taua Vehine Teumomo y jeta des herbes, des feuilles et des fleurs, et demanda à Hai Puka de s'allonger dans ce bain bouillant. Au fur et à mesure, il sentait fondre le corail qui le couvrait, les algues qui s'entrecroisaient se détacher, et les coquillages se décrocher.

Quand la vasque refroidit, un beau jeune homme se releva avec un magnifique sourire. Kua, qui avait suivi toute la scène cachée dans les feuillages, s'approcha, tenant son fils dans les bras. Elle ne dit rien et se précipita vers Hai Puka.

La vieille prêtresse ajouta : – mon fils, tu as aujourd'hui une mère, une femme et un enfant. A toi d'en prendre soin !

Pour la première fois de sa vie, Hai Puka comprit qu'il ne serait jamais plus un homme-poisson et qu'il allait enfin être heureux.

LA LÉGENDE DE HINA (RURUTU)

HINA était une sorcière qui vivait à RURUTU, les villageois la craignaient car elle aimait manger les enfants.

Un jour deux petits garçons se promenaient dans la nature, c'est alors que HINA les aperçut et les captura.

Avant de les manger, elle se mit à chanter. Les deux petits garçons furent séduits par sa belle voix et se mirent à danser.

Charmée par leur danse, HINA décida de défaire les liens pour qu'ils dansent encore plus. Leurs gesticulations la faisait tellement rire que les deux garçonnets en profitèrent pour s'enfuir. Ils

arrivèrent alors au village et se dirigèrent chez le "
ARI'I " pour lui annoncer la cachette de l'ogresse.

Les villageois furent avertis et décidèrent de lui
tendre un piège avec des filets des " Nape " (fil
constitué de bourre de coco).La sorcière fut alors
capturée et envoyée chez le roi. Pour la punir il
décida de la laisser mourir de faim.

C'est en visitant la grotte de HINA, recouverte
de nattes tressées en pandanus sauvages, que les
femmes de RURUTU furent poussées à apprendre
l'art du tressage.

C'est ainsi que né à RURUTU le tressage.

LÉGENDES TAHITIENNES

LA LÉGENDE DE MAUI

VUNDA VA MAUI

A la création du monde, le soleil pensa avoir reçu la mauvaise part : il était le seul à travailler. Regardant la Terre à ses pieds, il enviait ses habitants de pouvoir flâner, dormir... Et comme il était paresseux, il décida de faire comme eux!

"Après tout", se disait-il, "je suis un dieu". "Les hommes attendent ma venue et me rendent des hommages, je peux donc faire ce qu'il me plaît !"

Aussi, désormais, se leva-t-il très tard, et quelques instants à peine lui suffisaient pour traverser le ciel et se coucher derrière Moorea, pour une longue, très longue nuit. Et la Terre en souffrait cruellement.

Il n'y avait pas assez de chaleur pour chauffer les fours de pierres et pas assez de lumière pour préparer les repas. Maui, le jeune guerrier, voyait les lèvres de sa fiancée qui s'enflammaient à force de manger cru. Quand la tristesse se fut changée en colère, il décida de vaincre le soleil.

Il partit à la recherche des plus grosses lianes, des plus longues algues, des écorces les plus solides. Et quand il en eut fait un immense tas, haut comme cinq hommes, il se mit à tresser un extraordinaire filet de lianes, d'algues et d'écorces. Le jour, il travaillait à la lumière rapide du soleil, la nuit, il travaillait à la lueur des étoiles.

Il avait pris comme pièce maîtresse un long cheveu de sa fiancée et, tandis que le soleil, tout endormi et trop pressé, se hâtait de passer dans le ciel, le filet s'agrandissait peu à peu. Enfin, le piège fut terminé. Alors, profitant de la nuit, Maui jeta le filet sur son épaule et alla jusqu'au récif, au bord du grand trou par lequel le soleil sort de la mer. Puis il attendit.

Après une longue, très longue veille, il vit une lueur qui naissait du trou. Cette lueur grandissait et colorait les vagues et les nuages; elle se faisait de plus en plus forte, de plus en plus intense. Les oiseaux se mirent à chanter, et Maui sut que cette lueur était le soleil. Quand les premiers rayons se furent engagés dans l'orifice, Maui jeta son filet, son immense filet qui recouvrit tout le trou, enfermant le soleil.

Quand le soleil se vit prisonnier, il se débattit avec fureur, mais le filet tint bon. Vingt fois il tenta de sauter dans le ciel. Vingt fois, il fut repoussé. Vingt fois il tenta de redescendre sous la terre. Vingt fois, il fut retenu.

Alors, le soleil commença à chauffer, de chauffer si fort que la mer se mit à bouillonner et la terre à se craqueler, si fort que, un à un, tous les liens du filet brûlèrent. Algues, lianes, écorces..., rien ne résista aux flammes immenses. Rien, sauf le cheveu de la jolie fiancée de Maui. Le soleil eut beau sauter, il eut beau chauffer, enfler, il était saisi par le cou et il étouffait peu à peu. Il perdait peu à peu de son éclat et enfin s'arrêta, épuisé, vaincu.

Alors Maui s'approcha:

- C'est moi, Maui, qui ai attrapé le soleil.

Et le soleil se fit suppliant:

- Délivre-moi, Maui, j'étouffe.

- Non ! Je ne te délivrerai pas. Tu resteras éternellement attaché pour le mal que tu as fait à ma fiancée et à mon peuple. Leurs lèvres sont brûlées par les sèves crues et leurs yeux sont emplis de nuit. Tu resteras prisonnier !

- Maui, si tu ne me délivres pas, je vais mourir et si je meurs, ni toi, ni les tiens ne pourrez plus jamais vivre ! Délivre-moi!

- Promets-moi d'abord que notre poisson et nos légumes seront cuits avant la nuit !

- Je te le promets !

Et Maui délivra le soleil et le soleil bondit dans le ciel.

C'est depuis ce jour que le soleil se lève si tôt et se couche si tard. Et parfois, quand on regarde le soleil se coucher, on aperçoit, très vite, comme un mince filet vert : c'est le cheveu de la fiancée de Maui qui a été suspendu là afin que le soleil n'oublie jamais sa promesse...

LA CREATION DU FENUA

Il y a longtemps, longtemps, le soleil brillait sur la mer et il n'y avait pas d'îles.

Y-vivaient en ce temps-là Oatea et sa femme Atanua. Ils n'avaient pas de maison. Puisqu'il n'y avait pas d'îles pour construire les maisons.

Alors Atanua dit à son mari : "On ne peut pas bien vivre sans maison."

Oatea ne répondit pas. Il pensait : "Comment vais-je faire pour construire une maison ?"

Oatea invoqua les Dieux, ses ancêtres.

Un soir, il dit à Atanua : "Cette nuit, je vais construire notre maison. Maintenant je sais comment faire."

Il faisait nuit. La voix d'Oatea s'entendait seule dans le noir. Il dansait et chantait :

"Aka-Oa e, Aka-Nui e,

Akaïti e, Aka-Pito e,

Aka-Hana e, Haka-tu te Hae."

L'invocation terminée, le travail commença.

L'emplacement fut choisi : dans le milieu de l'Océan, deux piliers furent dressés (Ua Pou).

Une longue poutre fut placée sur les deux piliers (Hiva Oa).

Alors il fallut assembler les pilliers et la poutre. Le toit devant et le toit arrière, Te ka'ava ao, Te ka'ava tua (Nuku Hiva) ?

La maison fut couverte de feuilles de cocotiers tressées (fatu).

La maison était grande. Il fallait neuf feuilles de cocotiers tressées pour la couvrir dan sa longeur (O Fatuiva).

C'est un long travail de tresser les feuilles de coctier, et de faire de la corde avec de la bourre de coco.

Le temps passe, il passe vite. Oatea travaille, travaille sans s'arrêter.

Soudain, Atanua dit à son mari :" La lumière du jour commence à éclairer à l'horizon du ciel." (O Tahuata).

"Moho, l'oiseau du matin chante déjà" (Mohotani).

Oatea sans s'arrêter répond : " Je termine".

Il me reste à creuser un trou pour mettre le surplus de feuilles et de bourre de coco." (O Ua Huka).

Alors le soleil se lève et illumine l'Océan. Voici la maison construite par Oatea.

Atanua sa femme sécria :

« Ei, ei, ei, ua ao, (O Eiao) »

Ua Pou, Hiva Oa, Nuku Hiva, Fatu Hiva, Mohotani, Tahuata, Ua Huka et Eiao, voici donc les îles Marquises ruisselantes de lumière dans le soleil levant.

LA CRÉATION DES MARQUISES

Un jour, il y a très longtemps, Atea et sa femme Atanua décidèrent d'édifier leur maison au milieu de l'océan.

Deux piliers furent dressés : Ua Pou. Une longue poutre fut placée sur les deux piliers : Hiva Oa.

La poutre, les piliers, les pans avant et arrière du toit furent assemblés par une charpente : Nuku Hiva. Neuf rangées de niau furent nécessaires pour recouvrir la maison : Fatu Hiva.

La lumière du soleil éclaira alors le ciel : Tahuata.
Moho, l'oiseau du matin, se mit à chanté : Mohotane.

Atea creusa un trou pour y ranger le surplus des feuilles et de bourre de coco : Ua Huka. Leur maison enfin construite, Atuanua s'écria : Ei, ei,ei ua ao, ua ao Teiao.... »

LA LÉGENDE DU POISSON
VUNDA VA KABAY

Dans les temps très anciens, Raiatea et Tahaa ne formaient qu'une seule grande île appelée Ha-va-i-'i-nui (Grand-espace-invoqué-qui-remplit).

Un jour, les prêtres entreprirent la construction d'un nouveau marae. Pour que rien ne trouble l'atmosphère sacrée, aucun coq ne devait chanter, aucun chien ne devait aboyer, personne ne devait se déplacer.

Pendant cette période, une belle jeune fille nommée Terehe enfreignit les ordres et alla se baigner dans la rivière. Les dieux irrités firent sortir d'un trou une grande anguille, qui avala d'un seul coup Terehe.

L'anguille, possédée par l'esprit de la jeune fille, devint enragée. Elle bondissait de tous côtés et arrachait des arbres et des rochers. Elle dévora ainsi le milieu de l'île, ce qui format un détroit qui sépara grand Havai'i en deux îles distinctes : Raiatea et Tahaa. L'anguille grandit de plus en plus et devint un énorme poisson.

Les dieux le confièrent à Tu-rahu-nui (Grand-sorcier) qui le mît sur sa tête et le dirigea vers l'est. Le poisson prit venant le nom de Tahiti-nui. Il était splendide alors qu'ils s'en allaient vers le large. Orohena, la plus haute montagne était, comme son nom l'indique, la première nageoire dorsale.

Tahiti-iti et Moorea étaient la deuxième nageoire dorsale, mais tomba à l'eau et suivit dans le sillage de Tahiti. Le poisson s'arrêta enfin, mais il était nécessaire de l'empêcher de bouger pour qu'il demeure éternellement à la même place. Des guerriers arrivèrent en pirogue pour couper les tendons du poisson. Ils essayèrent, tour à tour, mais en vain.

Le célèbre Ta-fa'i se rendit à Tubuai pour chercher une hache très grande et très lourde qui avait beaucoup de pouvoir. Il invoqua Tino-rua, seigneur de l'océan, et la hâche devint légère dans ses mains. Tafa'i se mît à couper le poisson Tahiti et cessa lorsque tous les tendons furent tranchés.

La grande chaîne de montagnes, qui dominait Tahiti, fut ainsi coupée en deux parties. L'endroit où Tafa'i frappa, forma un isthme appelé maintenant Taravao.

C'est ainsi que le territoire du grand Tahiti devint stable.

L'origine du Uru
(L'arbre à pain)

XANTA KE GALKETAAL

Ceci se passait il y a très longtemps lorsque sévissait une grande famine dans l'île de Raiatea (Ciel lointain).

Ruata'ata (Homme fosse) et son épouse Ru mau ari'i (Véritable précipitation royale) se lamentaient sur le sort de leurs quatre enfants, une fille et trois garçons. Ils n'avaient plus que la terre rouge à leur donner comme nourriture. Ils décidèrent alors de conduire leurs enfants affamés à une caverne dans les montagnes pour y manger des fougères. Un soir Ruata'ata dit à son épouse : "O Rumauari'i, lorsque tu t'éveilleras demain matin, va dehors et tu verras mes mains qui seront des feuilles, regarde mon corps et mes bras qui seront un tronc et des branches, et mon crâne qui sera un fruit rond.

Ruata'ata sortit et sa femme ne comprit pas ses paroles. Le matin, de bonne heure, elle se leva et constata que l'entrée de la caverne était ombragée par un arbre splendide.

C'est alors qu'elle comprit le sens des paroles de son mari qui s'était changé en arbre à pain par désespoir de voir sa famille sans nourriture, et, tout en pleurant, elle ramassa les fruits pour nourrir ses enfants.

De cette vallée de Raiatea, appelée Tua 'uru (Place de l'arbre à pain), l'arbre se propagea rapidement et fut une inépuisable réserve de nourriture pour toutes les îles.

Pendant une longue période de famine un jeune couple se lamentait sur le sort de ses enfants. Ils décidèrent alors, de les conduire à une caverne dans les montagnes pour chercher de la nourriture, en vain. Un soir, le mari désespéré dit à son épouse 'Lorsque tu t'éveilleras le matin, va dehors et tu verras mes mains qui sont devenues des feuilles. Regarde le tronc et les branches, ce sera mon corps et mes jambes. Et le fruit rond que tu verras sera mon crâne; le coeur du fruit sera ma langue. Fait rôtir le fruit, laisse le tremper dans l'eau, puis enlève la peau en le battant et manges en, avant d'en donner à nos enfants. Ainsi vous n'aurez plus faim.'

LA LÉGENDE DU MAIORÉ

VUNDA VA MAIORE

C'était il y a très longtemps, bien avant l'arrivée des blancs dans nos îles, à une époque où la famine et la sécheresse désolaient toutes les îles océaniennes.

Les fleurs étaient mortes, les arbres agonisaient. Les cocotiers eux-mêmes, comme de grands oiseaux morts, laissaient pendre leurs feuilles roussies le long de leurs troncs rugueux. Les champs de taros et d'ignames, de patates et de bananiers, privés d'eau, séchaient au soleil.

Dans ce désert, la population se mourait. Le ciel était d'un bleu pur, sans aucune promesse de pluie.

A l'intérieur d'un frais fare de bambou, sur une natte de pandanus, Moe redressa son buste de bronze. Puis debout, elle parut s'abandonner à un rêve. Ses longs cheveux noirs lui faisaient une parure royale, sur les dents de nacre s'entrouvraient ses lèvres sanglantes.

A quelques pas, Arutua, son fiancé, la contemplait. Qu'il la trouvait belle, celle qui, dans peu de temps serait sa femme ! Et pour accompagner le rêve de sa douce fiancée, il chanta :

"Moe, Moe, la nuit est plus claire que ta chevelure d'ébène et moins fraîche que ta gorge. Que la nuit nous enveloppe pour nous cacher cette terre où meurent les fleurs du hinano et du tiare.

Moe, Moe, je sais mener ma pirogue parmi les récifs du lagon, et mon bras est devenu puissant à l'usage de la hache de guerre. Mais que m'importe, ô Moe, d'être fort et audacieux si la vie doit nous manquer !

Moe, Moe, tu m'es plus belle que le soleil qui se lève. Je chercherai dans tes cheveux ô Moe, le parfum du monoï parfumé au tiare."

Moe avait écouté le chant de son fiancé. Ce chant l'avait pénétrée doucement. Elle ne songeait plus à la mort qui les guettait. Elle voulait vivre, vivre encore pour toujours entendre la voie bien-aimée de Arutua, toujours sentir près d'elle sa force et son amour. Alors, à son tour, elle dit :

- Arutua, tu es mon aimé. Tes lèvres chantent comme le vent du soir dans le feuillage des aito de la plage.

Par notre désir de vivre, ô Arutua, nous résisterons à la mort qui rôde autour de nous. Je connais dans la montagne, Taaroa, un sage vieillard. Au jour de ma naissance, il dit à ma mère que je serais belle comme l'étoile du matin et qu'il était prêt à sacrifier sa vie pour moi. Allons donc le trouver!

Moe et Taratua partent vers la montagne où vit Taaroa. Ils passèrent par les gorges profondes des vallées à la recherche de la demeure de Taaroa et ce fut une marche longue et fatigante, sous un soleil de feu. La longue file des tribus suivait Moe avec confiance.

Vers le soir, Taaroa leur apparut enfin. Une longue chevelure de neige encadrait sa figure osseuse, et il s'appuyait sur une branche d'oranger, dégarnie de ses épines. Il avait un tel air de calme et de force qu'à sa vue, les tribus affamées comprirent vraiment qu'elles pouvaient lui faire confiance. Moe continua sa marche jusqu'à la grosse pierre, puis s'arrêtant, elle s'écria : "Sage vieillard. je me suis souvenue de la promesse faite à ma naissance et je suis venue te trouver pour que tu nous donnes la vie, nous voulons vivre et nous aimer !"

Taaroa lui répondit :

- Salut à toi, Moe! Je t'ai connue au berceau, belle comme le teina et fraîche comme la fleur du tiare. Pour toi, je ferai la beauté éternelle! Tu as choisi celui qui sera ton compagnon dans la vie.

Son cœur se soulève d'amour lorsqu'il te contemple.

Pour toi, je ferai l'abondance éternelle !

Et le miracle se produisit. Le corps du sage Taaroa se transforme en Maiore. Le corps du sage Taaroa sembla se fondre dans l'air du soir qui descendait des vallées, puis il prit des formes étranges, son buste devint noueux comme l'écorce des vieux arbres, ses jambes se fixèrent au sol comme des racines, tandis que sur les bras devenus branches naissaient des feuilles et des fruits. C'est ainsi que naquit le maiore. Le miracle fut complet. L'eau coula à nouveau dans le lit desséché des torrents, les champs reverdirent.

Parfois les fruits juteux faisaient ployer les branches sous leur poids, et les tribus revinrent à leurs cases en chantant les louanges de Moe. Toute la nuit se passa en réjouissances, et, dés le lendemain, on célébra le mariage de Arutua et de Moe.

Dés ce moment, ils vécurent d'heureux jours, cachant leur grand bonheur, dans la modeste case cachée sur la plage, parmi les puraos.

LA LÉGENDE DE PUNAAUIA

VUNDA VA PUNAAUIA

Il y a très longtemps, vivait dans le district de Hiti, un homme nommé Puna. Hiti était alors le nom de Punaauia.

Un jour, Puna décida de faire un voyage dans l'île de Raiatea mais il rata le bateau Hotutahi qui devait le ramener à Tahiti. Paniqué, il courut à droite, à gauche, dans tous les sens, ne sachant que faire. Son désir de regagner son île était grand mais il ne pouvait rien.

- Pauvre de moi ! que faire ? comment vais je rentrer chez moi ? qui donc pourra me ramener à la maison ? pensait Puna.

Pendant ce temps, la tortue du roi de l'île le regardait et l'étudiait dans ses déplacements. Elle constata alors la peine qui gagnait notre homme.

Elle lui dit :

- Pourquoi cours-tu ainsi ? Pourquoi es-tu si triste ?

Puna répondit :

- Je suis malheureux parce que je ne peux rentrer chez moi, à Tahiti. Je ne sais que faire, j'ai raté le bateau.

La tortue poursuivit :

- Arrête tes pleurs, je vais te conduire chez toi. Monte donc sur mon dos, nous partons de suite.

Ils quittèrent tous deux Raiatea et arrivèrent au lieu dit « Teoneuri « ou « Ofai piipii».

La tortue dit à Puna :

- Tu es arrivé chez toi, tu peux descendre.

Puna descendit du dos de la tortue et répondit :

- Je le sais.

Savez-vous ce qu'il fit ?

Il découpa les quatre ailerons de l'animal et dit :

- Désormais, tu resteras à Teoneuri.

- Pourquoi me fais-tu cela ? répliqua la tortue Je t'ai conduit jusque là, dans ton île, comme tu me l'as demandé. Tant pis ! Cela n'est pas bien grave, mais tu verras ton malheur de tes propres yeux.

Cette tortue possédait un certain pouvoir. Aussi la famille royale de l'île s'en prit à Puna pour le mal qu'il avait commis.

Inoarii, le roi de Hiti rassembla ses hommes et leur ordonna :

- Vous chercherez Puna et vous le tuerez, il apprendra ainsi que l'on ne maltraite ni les hommes ni les enfants du roi.

Puna parcourut Hiti de vallée en vallée et arriva sur la crête de la montagne "Teivirairaitaharara". Là vivait Paateve et son épouse, un couple d'éleveurs de porcs. Puna aperçut une truie qui allaitait ses petits. Mort de soif, il pensa: « Je prendrai de son lait pour apaiser ma soif ». Il s'approcha pour la téter. La femelle, surprise, se leva. Puna perdit l'équilibre, glissa et tomba au pied de la montagne. Il y vit un petit trou d'eau. Celui-ci était si petit qu'on ne pouvait recueillir l'eau qui s'y trouvait. Puna se mit à quatre pattes pour essayer de boire. Alors qu'il se désaltérait arriva un "aito". Puna leva la tête et dit :

- Qui es-tu ?

- Je suis la tortue que tu as maltraitée.

- Ah oui ?

- J'ai été très déçu par ton comportement. J'en ai souffert. Maintenant je me venge pour tout le mal que tu as causé.

- Non, ne fais pas cela ! Aie pitié de moi ! J'ai beaucoup couru et maintenant, je suis épuisé !

Puna fut ligoté des mains et des pieds au moyen d'une corde de mûrier. Celle-ci est connue pour sa robustesse et sa solidité. Voyant qu'il ne pouvait se détacher, il supplia alors le «aito» de le libérer.

- Je ne te libérerai pas, toi qui m'a blessé. Je n'ai aucunement compris ton geste...

Depuis ce jour, ce lieu prit le nom de Punarau (Puna attaché), car c'est là qu'il fut ligoté. On le porta sur la plage pour y être immolé et sacrifié, il dit alors:

- Pourquoi me portes-tu sur la plage ?

- Parce que tu y verras ton mal.

- Ne me fais pas cela. Je m'excuse pour tout le mal que j'ai commis et je voudrais me repentir !

- Non, non et non !

Il fut immolé et sacrifié. Dès lors, le district de Hiti prit le nom de Punaauia. Sa mâchoire fut lancée dans la passe du district. Depuis, la passe porte le nom de Taapuna (le menton de Puna). Quant à ses yeux, ils furent transpercés de flèches et portés dans la vallée qui porte le nom de Matatia (les yeux percés).

LA FEMME ENDORMIE DANS LE JARDIN DES FLEURS

KENIBESIKYA KOE MATELA DEM IMWA SE

Il y a très très longtemps, vivait à Paea un couple fort amoureux. La femme se prénommait Te vahine et l'homme Taaroa. Comme les Dieux étaient contre leur union, ils avaient décidé que ce couple n'aurait qu'un enfant, et que celui-ci à l'âge de six ans, serait enlevé à l'affection des siens. Te vahine mit au monde une fille si belle qu'elle décida de l'appeler Te vahine moea i te'ō pua rau ce qui veut dire «la femme endormie dans le jardin des fleurs». Naturellement, ni la mère, ni le père de l'enfant ne connaissaient le sort que les Dieux avaient réservé à leur fille.

Te vahine et Taaroa passaient leur vie à faire du bien autour d'eux, toujours prêts à aider les plus démunis. Quand leur fille atteignit l'âge de six ans, elle disparut sans que les parents ne sachent vraiment ce qui lui était arrivé. Ils allèrent consulter un tahu'a (prêtre) qui leur apprit la vérité : leur enfant avait été transformé en fleur. Te vahine et Taaroa étaient des personnes si bonnes que le tahu'a leur dit : « Un jour, un homme ira la délivrer de ce sortilège, mais il faudra qu'il possède une qualité rare la patience ».

Quatorze années passèrent ainsi sans que quiconque ne puisse libérer la malheureuse. Te vahine et Taaroa ne désespéraient pas de revoir un jour leur fille et ils en parlaient à tous les jeunes du village. Ainsi, plusieurs jeunes se mirent à la recherche de cette fleur unique. Elle était unique par sa couleur, par sa forme, par son odeur, c'était une fleur verte. A chaque fois qu'un jeune homme partait dans la vallée de Hopa à Aoua tout le village attendait son retour.

Plusieurs jeunes hommes se lancèrent tour à tour à la recherche de la belle, mais jamais aucun ne revint ! Un jeune homme nommé Taaroa ha'iha'i te rouru tarere : ce qui veut dire "l'homme aux cheveux longs" décida un jour de tenter sa chance à son tour. Mais avant, il alla rendre visite au tahu'a afin de recueillir plus d'informations sur ce sortilège. Le grand prêtre lui donna un renseignement : « Maintenant, tu trouveras facilement cette fleur unique, puisque tous les jeunes hommes partis à sa recherche ont été transformés en fougère, tu n'auras aucun mal à les trouver mais il faudra que tu sois patient ». Taaroa ha'iha'i te rouru tarere partit donc à la recherche de cette fleur, et comme le tahu'a lui avait annoncé, il la trouva facilement en comptant les fougères.

Il se mit bien en face d'elles, debout et resta ainsi cinq jours et cinq nuits sans dormir ni manger. La sixième nuit, une fumée sortit de la fleur. Taaroa ha'iha'i te rouru tarere sentit une odeur très forte se dégager, et enfin il vit la jeune fille sortir de la fleur. Elle était encore plus belle qu'il ne l'imaginait. Il s'avança vers elle et l'enlaça. Tous deux rentrèrent au village où une grande fête fut organisée en leur honneur, ils se marièrent, vécurent heureux et eurent beaucoup d'enfants.

Depuis cette époque les prénoms de Taaroa et Tevahine portent bonheur et on ne retrouva plus jamais une fleur semblable dans la vallée de Hopa.

L'ORIGINE DU COCOTIER

XANTA KE WAGEYAAL

Dans un passé lointain, une famine virulente aurait touché Tahiti. Les gens en étaient réduits à manger de la terre rouge et bon nombre d'entre elles décédaient.

Un père de famille torturé par le gémissement de ses enfants, s'en alla dans la montagne en quête de nourriture. Il chercha des vivres pendant plusieurs jours, en vain.

A bout de force, il découvrit enfin dans un endroit très éloigné des bananes "fei". Joyeux, il s'empressa d'apporter un régime à ses proches, mais découvrit à son arrivée, qu'ils étaient déjà morts.

En regardant de plus prés, il s'aperçut que les dépouilles de sa famille donnaient vie à des plantes qu'il ne connaissait pas. Il en pris soin et les enterra de façon à ce qu'elles puissent continuer à grandir.

Des cocotiers se dressèrent bientôt, et leurs cimes étaient couvertes de fruits. Ces cocotiers donnèrent alors naissance à de nombreuses variétés.

Lorsque Tahiti et Moorea en furent couvertes, d'autres noix s'en allèrent à la rencontre de nouvelles îles pour se multiplier, et ce, jusqu'à aujourd'hui.

MOOREA

Un homme nommé "soleil brûlant" et sa femme "plumes rouges" réunis, eurent comme enfants des têtes qui devinrent des noix de coco peu après la naissance.

Ceux-ci, au nombre de trois, furent suivis par la naissance d'un autre enfant parfaitement constitué. Ce dernier, devenu adulte, rassembla ses frères et soeurs et les planta.

Les arbres grandirent à tel point que leurs frondaisons devenaient invisibles, et ils donnèrent diverses espèces de coco.

On découvrit bientôt que ces nouveaux arbres et leurs fruits étaient très utiles à l'Homme et on se mit à en planter partout à Tahiti et à Moorea.

De ces derniers seraient issues toutes les variétés de cocotiers connues de nos jours dans les îles..

LA MONTAGNE PERCÉE DE MOOREA

REMRUNAFA MEVTA KE MOOREA

Une nuit, Hiro (Tricheur) et sa bande de voleurs, venant de Ra'iatea, arrivèrent à Mo'orea pour voler le mont Rotui. Ils attachèrent de longues lianes au sommet de la montagne et commençèrent à la tirer. Ils réussirent à détacher cette portion de l'île comme en témoigne encore les deux baies.

Pai, qui se trouvait à Punaauia, fut réveillé par ses parents adoptifs qui venaient de voir cette scène en songe.

Pai alors se leva, gravit la colline Tata'a et jeta sa lance sur Moorea. Après avoir traversé la mer, il perça un grand trou dans un sommet, connu depuis sous le nom de Mou'a-puta (Montagne-percée).

Continuant son chemin comme un météore, la lance arriva dans le sud de Raiatea et se ficha dans le sommet d'une colline restée échancrée depuis. Les coqs de Moorea, réveillés par les vibrations de la lance, se mirent à chanter de tous côtés, ce qui incita les voleurs à s'enfuir au plus vite, craignant le lever du jour.

Cependant Hiro et sa bande réussirent à arracher, sur les flancs du Rotui, une colline en forme de cône qu'ils emmenèrent à Ra'iatea et qu'ils installèrent non loin du rivage de Opoa.

Cette colline s'y trouve toujours. Elle est couverte de petits toa, arbres de fer, semblables à ceux du mont Rotui et contrastant étrangement avec végétation environnante.

LE MOTU TAPU

Pas un homme ne peut passer une nuit sur l'île Tabou... et vivre.

A vingt kilomètres de Papeete, à quelque distance de la côte de Papenoo, dans le lagon de Haapape, se trouve l'île Tabou.

Les femmes peuvent parler de la beauté et du calme de l'île, de ses arbres et de ses fleurs, et du balancement brillant de ses palmes sous la lumière de la lune.

Elles peuvent parler de la douceur de son sable, et du bleu de ces criques.

Car les femmes ne voient pas de tupapau (fantôme), et n'ont jamais eu à craindre la visite d'une nuit, dans l'île Tabou.

Les enfants, pendant la journée, montés sur leurs pirogues, traversent le lagon, pour profiter des plaisirs qu'ils peuvent trouver dans l'île interdite.

Mais au coucher du soleil, ils doivent rapidement repartir pour Papenoo car ils n'ont aucune envie de rencontrer le tupapau de l'île Tabou.

La légende raconte que, dans l'ancien temps, une jeune fille tahitienne rencontrait de nuit son fiancé dans l'île Tabou.

Et main dans la main, ils se promenaient dans toute l'île, sur ses plages, sous ses arbres. Une nuit, le garçon ne vint pas au rendez-vous, et depuis ce jour, elle ne le revit plus. Et la jeune fille, cœur brisé, promit de ne jamais quitter l'île jusqu'à ce qu'il revînt vers elle. Et depuis ce jour, les Tahitiens disent que par les nuits de lune, si l'on regarde au-dessus du lagon vers l'île Tabou, de bons yeux peuvent voir le merveilleux tupapau, vêtu seulement d'un pareo de tapa blanc, errant sur la plage ou assis sous une palme ou sous un tumu hotu (arbre fruitier), attendant son amoureux.

Mais... Que les dieux aident l'homme qui se rend au rendez-vous !

Beaucoup d'hommes, connus pour leur bravoure, attirés à l'idée d'un merveilleux tupapau amoureux qui la nuit hante l'île, s'y sont aventurés malgré le conseil de la légendaire rumeur. Et leur imprudence leur a coûté la vie.

Car au matin,

Après leur nuit de veille,

Ils ont été retrouvés,

Morts !

Et les indigènes chuchotent,

Quand ils sentent l'étrange légèreté du corps épuisé,

Que la victime a été aimée à mort par le tupapau de l'île Tabou.

LA LÉGENDE DE L'ARC EN CIEL

Le grand sorcier, qui connaît le secret des étoiles, l'avait prédit bien longtemps, à l'avance. Si longtemps, que les hommes, insouciants, avaient oublié.

Pourtant elle vint, cette sécheresse impitoyable qui brûla les rivières. Nulle part, il n'y eut plus d'eau douce. Ni pour les animaux, ni pour les hommes.

Même les cascades cachées, les sources profondes avaient disparu et la soif terrible se faisait cruellement sentir.

Un jour, le Woobat, qui est une sorte de cochon sauvage, était en train de creuser un trou dans la terre sèche , avec l'espoir de trouver un peu de fraîcheur. Il déplaça une très grosse pierre, et du trou de cette pierre jaillit une source d'eau limpide, qui se répandit sur la terre craquelée.

Aussitôt, tous les animaux, alertés par ces mille petits signes qui sont leur langage, accoururent pour se désaltérer et burent avec respect de cette eau miraculeuse qui était leur vie. Tous furent sages et prudents : l'eau était rare et il fallait la ménager. Ils s'arrêtèrent vite de boire.

Tous, sauf un. Le grand serpent. Il but, il but, il but le ruisseau tout entier. Les autres animaux essayèrent de l'en empêcher. Mais rien n'y fit, et leur colère augmenta avec leur impuissance. Et les animaux tuèrent le grand serpent qui avait bu toute leur eau. Et l'esprit du serpent s'envola vers le ciel.

Quelques jours plus tard, les bêtes assoiffées virent s'agiter dans la poussière de tous petits serpents qui venaient de naître. Le Kiwi aurait bien voulu les manger, mais le Kangourou s'interposa :
- Attends! Ils sont trop jolis, ces petits serpents, avec leurs couleurs vives. Nous allons les mettre à l'ombre d'une pierre. Peut-être pourront-ils y vivre.

Quand le grand serpent, dans le ciel, vit les soins dont ses petits étaient entourés, il s'attendrit et, se parant de merveilleuses couleurs, il renvoya aux animaux toute l'eau qu'il leur avait bue.

Et la pluie remplit les bouches, les poitrines, les rivières.

Aussi, chaque fois que dans la poussière on trouve un petit serpent égaré, il faut en prendre grand soin, si l'on veut que dans le ciel son grand-père envoie de l'eau pour faire chanter les cascades.

LA LÉGENDE DE MAMAO

Dans la ville de Papeete, à quelques minutes du centre, au quartier de Mamao, il y avait un grand terrain qui bordait la route. Entouré sur trois côtés par une végétation luxuriante, son centre était marqué par un amoncellement de pierres, que l'on disait être les restes d'un marae (ancien autel de sacrifices).

Un Européen, fraîchement débarqué, heureux de trouver un si beau terrain, s'empressa de l'acheter afin d'y construire sa maison.

un soir, les plus âgés du quartier vinrent le trouver :

- Ne construis pas ta maison sur ce terrain, car ce lieu est sacré. Sur ce marae ont eu lieu de nombreux sacrifices humains et les dieux, par la voix des prêtres, ont proclamé ce lieu tabou. Nous sommes tous de bons chrétiens et cependant, n'as-tu pas remarqué que jamais nous ne traversons ce terrain, choisissant de faire un grand détour plutôt que de braver les dieux ? Ne construis pas ta maison là.

Naturellement, l'acheteur européen ne voulut pas les croire et toutes leurs mises en garde furent inutiles. Ils partirent graves et soucieux. Dédaigneux, l'Européen prit l'habitude de se promener sur le marae la nuit. Avec beaucoup de promesses, il acheta les services de deux indigènes d'un quartier éloigné afin de surveiller la maison en son absence.

Mais on disait, à Mamao, que les soirs de lune, une belle Tahitienne venait s'asseoir sur les pierres du marae. Sa robe de tapa blanc brillait dans l'ombre et elle ne chantait que des chants anciens. Les hommes sages hochèrent la tête quand ils surent que l'esprit hantait à nouveau les ruines.

A nouveau ils prévinrent l'Européen.
A nouveau ils furent éconduits.

Et un matin, on trouva l'un des gardiens mystérieusement assassiné.

Peu de temps après, l'Européen fut rappelé en Europe et avant de partir, il dit qu'il reviendrait bientôt. Les hommes sages hochèrent la tête avec doute.

Quand l'Européen débarqua en Europe, il fut tué dans un accident le jour même de son arrivée. Une veuve loua la maison du terrain tabou. Une nuit de pleine lune, elle se suicida.

Un frère de l'Européen vint habiter la maison. Au bout de trois jours, il quitta précipitamment l'île par avion, sans vouloir rien dire à personne.

Un grand acteur de Hollywood racontait qu'il ne croyait ni aux esprits ni aux tupapau (fantôme). Pourtant, il ne put passer qu'une nuit dans la maison.

Un Lord anglais jura de ne jamais remettre les pieds sur un terrain tabou reconnaissant avoir vu les tapapau du marae.

La maison resta vide ; fuyant l'interdit des anciens, plus personne ne voulut y habiter.

Et un jour, un incendie éclata mystérieusement dans la maison toujours vide. Les flammes furent si hautes, le feu si violent, qu'il n'en resta plus rien, ni murs, ni poutres, ni fondations ; rien qu'un amas de poussière fine que le vent éparpilla. Les hommes sage hochèrent la tête avec soulagement.

Dans le quartier de Mamao, à quelques minutes du centre de Papeete, s'étend un grand terrain en bordure de la route. De nombreuses maisons s'élèvent tout autour.

Mais sur le terrain, il n'y a qu'un amoncellement de pierre, qu'on dit être les restes d'un marae.

Légende du Tiare Apetahi

Le Tiare Apetahi serait né d'un funeste incident.

Pour s'être disputée avec son tane Apetahi, une femme de pêcheur se donne la mort au sommet du mont Temehanirahi. Au préalable, elle s'ampute un bras qu'elle place dans un trou, main vers le ciel.

Le lendemain, au lever du jour, des promeneurs à la recherche de bambou ayant passé la nuit au sommet du mont, sont réveillés par de petits bruits secs... Regardant autour d'eux, ils découvrent un étonnant spectacle : des fleurs blanches en forme de mains ouvertes éclatent sur tout le plateau, le couvrant d'une magie blanche à l'odeur entêtante... Ils la baptisent du nom de Tiare Apetahi, ce qui veut dire un seul côté.

Averti, le mari se rend sur place, déterre une fleur qu'il tente de planter dans son jardin en souvenir de sa femme. Il recommence mille fois, mais jamais la fleur n'accepte de fleurir ailleurs que sur le plateau...

LA LÉGENDE DE TERIIHAUMATATINI

Il y a fort longtemps, régnait à PAEA un prince de la très fameuse famille des OROPAA. Il était adoré par sa population. Ses terres étaient riches et prospères.

Son voisin, le prince TEVA de PAPARA décida de s'emparer de ce royaume où la nature semblait si généreuse.

Il entraîna secrètement son armée et, traîtreusement, par une nuit sans Lune, il envahit le pays sans déclaration de guerre.

Ses hommes semèrent ruines et désolation sur leur passage. L'armée du prince OROPAA, malgré sa bravoure et son héroïsme, fut mise en déroute.

Le prince fut tué après s'être battu vaillamment pendant toute la nuit.

Il avait un fils, TERIITAUMATATINI. Les serviteurs lui sauvèrent la vie en le mettant à l'abri dans la vallée d'OROFERO, avec les vieillards, les femmes et les enfants. Quand il apprit la mort de son père, le jeune prince courut rejoindre le champ de bataille.

Arrivé sur les lieux du drame, il se planta devant le prince TEVA et de sa voix la plus forte, le traita d'assassin, de voleur de terre et l'accusa d'avoir agi comme un lâche, sans déclaration de guerre, comme le voulait la tradition.

TEVA voyant qu'il avait affaire à un adolescent enflammé se moqua de lui et lui recommanda de montrer du respect à son nouveau maître.

TERIITAUMATATINI loin de calmer son ardeur continua à l'insulter. Quand il aperçut la lance de son père dans la main de son ennemi, il le provoqua en duel.

Le victorieux chef TEVA, pris entre colère et admiration pour la ténacité et la bravoure du si jeune TERIIHAUMATATINI, lui dit :

" Puisque tu n'as plus d'armée, choisis un de mes guerriers. C'est avec lui que tu te battras en duel avec l'arme de ton choix !

- Non TEVA, bien qu'il me déplaise de jouer pour reconquérir ma terre, celle de mes valeureux ancêtres, c'est contre toi que je veux me battre, et cela avec la vibrante lance de mon père !

- Bien, dit le chef TEVA. Nous lancerons nos armes, et si la tienne va plus loin que la mienne, je te rendrai la portion de territoire entre nos deux lances ! "

TERIIHAUMATATINI prit la lance des mains de TEVA et lui ordonna : " Commence ! "

TEVA, lassé de tant de palabres, prit son élan et d'un geste sûr lança son long javelot.

L'arme décrivit une courbe très haut dans le ciel et se planta profondément dans le sol à une grande distance de la ligne de départ.

TERIIHAUMATATINI à son tour envoya sa lance et la planta quelques pas plus loin que celle du chef TEVA. Ce dernier eut un murmure admiratif en regardant le jeune insolent. Il savait combien cette arme était lourde et difficile à manier.

Tous les deux s'avancèrent vers leurs lances et TERIIHAUMATATINI dit : " C'est toi qui a perdu, c'est toi qui recommences ! ".

TEVA se concentra et lança son arme deux fois plus loin que la première fois. TERIIHAUMATATINI connaissait la force de son ennemi et savait que celui-ci ne donnait pas toute sa puissance. Il recula de deux pas et envoya sa lance encore plus loin que celle de TEVA. Cette fois, la foule où se mêlaient guerriers vainqueurs et population vaincue, manifesta son émerveillement devant la prouesse du jeune prince.

Marchant vers leurs lances, les deux adversaires s'observaient.

TEVA dit à TERIIHAUMATATINI : " Reste sur la même ligne que moi !

- Alors lance ton javelot avec toute ta force. N'essaie pas de m'épargner ou de m'humilier ! "

Et TEVA envoya sa lance le plus loin qu'il pût, mais à chaque fois TERIIHAUMATATINI le dépassa.

La journée touchait à sa fin, le soleil descendait sur l'horizon, les deux combattants avaient lancé tant de fois leurs javelots que même la légende ne peut le raconter.

TERIIHAUMATATINI avait presque reconquis la totalité des terres de ses ancêtres. La foule des habitants de PAEA les suivait et bientôt ses cris d'admiration se mêlèrent à ceux des habitants de PAPARA venus accueillir leur chef victorieux et leurs guerriers couverts de gloire.

Quand le soleil fut presque couché, TEVA dit à TERIIHAUMATATINI : " Il ne te reste plus qu'un lancer pour récupérer ta terre. Si je lance ma lance plus loin, je te donnerai le bout de terre qui m'appartient. Mais je voudrai voir aujourd'hui ta véritable force.

- Non, répliqua TERIIHAUMATATINI, le moment n'est pas encore venu. Lance ta lance aussi loin que tu peux, je ne peinerai pas ton peuple qui est venu à ta rencontre, ni n'offenserai tes guerriers qui te suivent.

TEVA lança son javelot de toutes ses forces sous les acclamations des spectateurs et alla le planter très loin, bien au-delà de la frontière délimitée par les tiki. Un grand silence se fit. Chacun retenait son souffle, attendant l'ultime lancer du prince.

Mais TERIIHAUMATATINI marcha droit et fier vers la limite des frontières et planta sa lance aux pieds d'un des tiki-gardiens. Il se retourna et s'adressa à la multitude qui l'acclamait : " Mon intention n'est pas d'aller plus loin. Seul le patrimoine de mes aïeux m'importe ! "

Alors, devant tant de qualités physiques et morales, le chef TEVA appela sa fille.

Les membres de son clan s'écartèrent pour laisser passer la jeune princesse.

“Voici ta femme, dit TEVA au jeune prince. Je voudrais que tes descendants soient aussi les miens. Quant à ma lance, je la laisse pour eux. "

C'est ainsi que TERIIHAUMATATINI, prince du clan des OROPAA de PAPARA, de la dynastie des nobles visages, ou prince aux multiples yeux, c'est-à-dire “celui qui ne se laisse pas surprendre”, recouvra son territoire sans verser une goutte de sang et se maria avec une fameuse princesse de PAEA.

FIN

www.ingramcontent.com/pod-product-compliance
Lightning Source LLC
Chambersburg PA
CBHW031341160726
47993CB00002B/786